AF461155

STATUTS ET REGLEMENS POUR LA MANUFACTURE Des Passementiers de la Ville de Saint Lo.

M. DCC. XLII.

STATUTS ET REGLEMENS,

POUR servir à la Manufacture de la Communauté des Passementiers, Tissutiers, Rubanniers, Neufiliers & Lassetiers de la Ville, Fauxbourgs & Banlieuë de la Baronnie, & des Paroisses dépendantes de la Vicomte de Saint Lo, qui ont été arrêtées par Nous François Guinet Chevalier, Seigneur D'Arthel, & autres lieux, Conseiller du Roy en ses Conseils, Maître des Requêtes Ordinaire de son Hôtel, Intendant & Commissaire départi pour l'execution des Ordres de Sa Majesté en la Generalité de Caen, & signés des Maîtres de ladite Communauté, après avoir été communiqués en execution des ordres du Conseil qui nous ont été adressez, aux Sieurs Maire & Echevins, aux Officiers de Police, aux Gardes Jurez & Maîtres des autres Communautez de ladite Ville de St. Lo, qui ont été à cet effet convoquez. Les Articles desdits Statuts en contestation ont été par Nous reformez & redigez, ainsi qu'il en suit.

PREMIEREMENT.

QUE les Passementiers, Tissutiers, Rubanniers, Neufiliers & Lassetiers, pourront faire des Passemens ou Rubans de Fil, Soye ou Soyette, à grande & petite Navette, ou à Métiers à Marche, Rots & Navettes, Métiers à Ressort, ou en quelqu'autre maniere & façon que ce puisse être; sur lesquels Métiers on pourra faire des grandes & petites laises en leur espece, & generalement toutes ſortes de Paſſemens, Rubans de toutes laiſes, ſoit Fil, Soye ou Soyette, ou de toutes ſortes de matieres qui ſeront filées, & qui pourront vertir en leurs Ouvrages, en la maniere & uſage des tems ou autrement.

ARTICLE II.

ITEM il ſera élû de deux ans en deux ans ſuivant l'uſage, deux Maîtres-Gardes dudit Métier, & un Contre-Garde d'Office devant le Juge qui en doit connoître, laquelle élection s'en fera huit jours avant la Fête de Dieu, leſquels prêteront le ſerment devant le même Juge, & tenus de faire viſitation de l'Ouvrage de quinze jours en quinze jours, pour faire raport devant ledit Juge en cas qu'il s'y trouve de la faute, laquelle ſera jugée ſur le raport deſdits Gardes & Contre-Gardes, & de deux autres Maîtres qui ſeront nommez par le Juge.

ARTICLE III.

ITEM que les Maîtres dudit Métier ne pourront avoir qu'un ſeul Aprentif à la fois, qui ſera tenu de ſervir ſon Maître le tems de deux ans, qui ne commenceront à courir que du jour que le Brevet ſera paſſé devant Notaires, & enregiſtré ſur le Regiſtre de la Communauté, étant aux mains des Gardes ſucceſſivement, qui ſeront tenus de faire cet enregiſtrement le même jour; que l'Aprentif ne pourra quitter ſans congé avant ledit tems expiré, & ne pourra aller ſervir aucun deſd. Maîtres que ledit aprentiſſage ne ſoit accompli, ſous peine de cent ſols d'interêt ſolidairement, tant contre ledit Aprentif que contre le Maître; & ſera tenu ledit Aprentif payer trente ſols pour la livre de Cire, pour ſon aprentiſſage d'entrée dudit Métier, pour ſubvenir à l'entretien des Torches qui conviennent pour aſſiſter au Convoi du Corps de Notre Seigneur Jeſus-Chriſt au jour de la Fête de Dieu, Octave & autres Ceremonies publiques, comme il eſt de tout tems accoûtumé dans cette Ville ; lors de la fonte des quelles Torches les Gardes ſeront tenus de prendre certificat du Cirier de la quantité de cire qui y aura entré, pour être repreſenté à la Communauté lors du compte deſdits Gardes.

ARTICLE IV.

ITEM qu'aucun ne pourra travailler dudit Métier en la Ville, Fauxbourgs, Enclave Tariffé, Banlieuë ni Vicomté, s'il ne fait

Chef-d'œuvre, tel qu'il lui ſera baillé par les Gardes & Contre-Gardes, & deux autres Maîtres dudit Métier nommez par le Juge; & ſi ledit Chef-d'œuvre eſt trouvé bien & duëment fait, il ſera reçû Maître dudit Métier par leſd. Juges, & payera lors de ſa reception deux livres de cire, & d'argent la ſomme de dix livres pour ſubvenir à l'entretien deſd. Torches, des pauvres dudit Métier, aux affaires d'icelui, & pour faire celebrer une Meſſe, ainſi qu'il eſt accoûtumé.

ARTICLE V.

ITEM nul ne pourra faire, ou faire faire par lui ou par autre, directement ou indirectement dans leſd. lieux, aucuns deſd. Ouvrages qu'il n'ait la qualité & n'ait été reçû Maître, comme il eſt ci-devant expliqué.

ARTICLE VI.

ITEM aucun Maître ne pourra recevoir à travailler un Compagnon ou Serviteur, s'il ne lui aparoît, ou qu'il ſoit duëment informé qu'il ait pris congé de ſon Maître, ſur peine de cinq livres d'amende contre le Maître qui aura reçû ledit Compagnon ou Serviteur, dont un tiers apartiendra au Seigneur, un tiers à l'Hôpital, & l'autre tiers au Maître que ledit Compagnon aura quitté.

ARTICLE VII.

ITEM les Fils de Maître payeront ſeulement demie livre de cire à l'entrée, & une livre lors de leur reception.

ARTICLE VIII.

ITEM ſi aucun Travaillant dudit Métier épouſe la Fille d'un Maître, & qu'il ſe faſſe recevoir Maître dudit Métier, il ſera quitte pour pareil nombre que deſſus, & payera en outre quarante ſols pour ſubvenir aux choſes ſuſdites.

ARTICLE IX.

ITEM pourront leſd. Maîtres prendre des filles dans leurs Boutiques pour leur aprendre à travailler comme en qualité de Compagnon, leſquelles payeront chacune d'elles une fois pendant leur vie une livre de cire pour être employée comme deſſus, ſans qu'elles puiſſent prétendre aucun privilege ni droit à la Maîtriſe; & pareillement le même ordre ſera ſuivi pour les Compagnons qui viendront de dehors, & lorſque les uns & les autres ſeront entrez chez deſd. Maîtres pour travailler, chacun deſd. Maîtres ſera tenu de faire ſa declaration dans la quinzaine aux Gardes dudit Métier, pour dans un mois du jour de l'entrée leſd. Maîtres être reſponſables de lad. livre de cire, ce qui aura lieu pour ce que doivent payer les Aprentiſs ſuivant l'article trois ci-deſſus, pourvû néanmoins que leſd. Compagnons ayent travaillez, un an dans ladite Profeſſion audit Saint Lo.

ARTICLE X.

ITEM il eſt prohibé & défendu aux Maîtres dudit Métier de faire à l'avenir aucune ſorte de Paſſement qu'il ne ſoit tout de Soye, ſans aucun autre fil, en quelque beſogne ou façon de Paſſement que ce ſoit, ſur peine de dix ſols d'amende, & de confiſcation de ladite marchandiſe.

ARTICLE XI.

ITEM ſi aucun Maître vouloit employer du fil mêlé avec de la Soye, ou quelque ſorte de Paſſement, il ſera tenu faire la chaîne de fil, & la tiſture de ſoye, autrement ſera condamné en pareille amende, & confiſcation de ladite marchandiſe.

ARTICLE XII.

ITEM pourront leſd. Maîtres travailler en toutes ſortes de Paſſemens, & de toutes ſortes de Rubans, ſoit de Soye, Fil ou Soyette, comme il eſt expliqué en l'article premier, en employant chacune ſorte l'une avec l'autre ſans y rien mêler, pour éviter les abus qui ſe commettent, ſur peine de vingt ſols d'amende, & de confiſcation de ladite marchandiſe.

ARTICLE XIII.

ITEM pourront leſd. Gardes dans l'étenduë deſd. lieux viſiter tous leſd. Paſſemens, Rubans de Fil, Soyette & autres Ouvrages de leur Profeſſion, en quelques lieux qu'elles ſoient, à la reſerve de celles qui ſeront dans les Boutiques, ou échopes des Marchands, ou qu'ils feront venir ou voiturer pour leur compte, pourront auſſi viſiter toutes leſd. marchandiſes & ouvrages qui ſe trouveront à blanchir ſur les Prés ou ailleurs, en y apellant leſd. Gardes Merciers pour leſd. ouvrages, qui ſeront pour leſd. Marchands Merciers, pour en cas qu'il s'y trouve de la défectuoſité, en faire juger la confiſcation avec trois livres d'amende.

ARTICLE XIV.

ITEM il eſt défendu à tous Marchands étrangers, Façonniers de dehors, aportants des Paſſemens & tous ouvrages de leur Profeſſion en lad. Ville & Fauxbourgs, enclaves Tariffez ou Banlieuë, de les expoſer en vente en cette Ville, qu'au préalable leſd. Gardes n'ayent fait viſitation de ladite marchandiſe, les Gardes Merciers apellez, à peine de dix livres d'amende.

ARTICLE XV.

ITEM pourront les Veuves deſd. Maîtres joüir du privilege de ladite Profeſſion, tant qu'elles reſteront en viduité.

ARTICLE XVI.

ITEM ſeront tenus les Gardes un mois après leur deſtitution rendre compte aux Maîtres, & en cas qu'il n'y eût Aprentifs aud. Métier, payeront chacun an tous leſd. Maîtres cinq ſols pour ſubvenir aux charges portées en l'article quatre, leſquels comptes ils ſeront tenus repreſenter en Juſtice, lors qu'ils en ſeront requis.

ARTICLE XVII.

ITEM pourront leſdits Maîtres faire du Paſſement de Soye blanche, & la tiſture de fil d'épiné.

ARTICLE XVIII.

ITEM du nombre deſd. Ouvrages de Fil ceux nommez Bandelettes ou grandes laiſes, ſera compoſée de quarante-neuf fils au moins.

LA Bordure ou Ruban de fil, apellée demie laiſe, ſera compoſée de vingt-neuf fils au moins.

LA Neufile, apellée quart de laiſe, ſera compoſée de 17. ou 19. fils plus au moins, ſelon l'uſage des tems.

PADOUS de toutes couleurs & mélange.

LE grand ſera compoſé de 45. ou 49. ou 53. fils.

LE moyen de 33. & 37. fils.

LE petit de vingt-ſept fils.

DE tous leſquels Ouvrages leſd. Paſſementiers, Tiſſutiers, Rubanniers, Neufiliers & Laſſetiers, ne pourront vendre en détail, mais ſeulement par groſſe au moins.

ARTICLE XIX.

SERONT tenus leſd. Fabriquants de marquer leurſd. Ouvrages du nom ou marque du Fabriquant, aux deux bouts de chaques pieces, qui ſeront compoſées de douze, vingt-quatre, trente-ſix, ou de quarante-huit aulnes, à l'exception des Laſſets & autres petits ouvrages de pareille largeur.

ARTICLE XX.

ITEM toutes les amendes qui ſeront jugées en conſequence des articles ci-deſſus, ſeront aplicables, ſçavoir un tiers au Seigneur de la Juſtice, un tiers aux pauvres de l'Hôpital de ladite Ville, & l'autre tiers pour les Gardes.

ARTICLE XXI. ET DERNIER.

ITEM ſerviront les Torches dudit Métier au Convoi du Corps pour l'Inhumation des Maîtres & de leur famille. Signez, J. Fremy, J. le Cocq, Baptiſte le Cocq, G. Jourdam, J. Deſlandes, Julien Perron, J. Lemonchois, G. Beaufils, la marque de Robert Hoüel, la marque de Pierre le Treſor, la marque de Robert Gohier, le Tetrel, Michel Oger, Thomas du Prey, Michel du Prey, Nicolas le Rouxel, Gilles du Prey, P. du Prey, la marque de Nicolas du Prey, la marque de Gilles de la Lande, J. de la Lande, J. Gohier, G. le Dentu, tous la plûpart avec leurs paraphes, & au deſſous eſt écrit : fait & arrêté par Nous Intendant & Commiſſaire ſuſdit, à Caën ce vingt-un Août mil ſept cens dix-neuf, ſigné, Guynet; & plus bas eſt auſſi écrit : par Monſeigneur, ſigné, Maucourt avec paraphe; & ſur le dos eſt écrit, leſdits Statuts ont été regiſtrés és Regiſtres de la Cour pour être executez ſelon leur forme & teneur, & joüir par leſdits Maîtres Paſſementiers, Tiſſutiers, Rubanniers, Neufiliers & Laſſetiers, de l'effet & contenu d'iceux ſuivant l'Arrêt de la Cour, donné à Roüen en Parlement la Grande Chambre aſſemblée le vingt-huit de Juin mil ſept cens vingt, ſigné, Du Boſcq avec paraphe. Collationné à la minutte étant au Greffe de l'Intendance par moi Secretaire de ladite Intendance, ſigné, Maucourt avec paraphe.

LETTRE

LETTRES PATENTES DU CONSEIL,

LOUIS par la grace de Dieu, Roy de France & de Navarre, à tous presents & avenir, Salut: Nos amez les Passementiers, Tissutiers & Rubanniers de notre Ville, Fauxbourgs & Banlieuë de la Baronnie & des Paroisses dépendantes de la Vicomté de Saint Lo, en notre Province de Normandie, Nous ayant fait remontrer qu'en l'année mil six cens sept, leurs predecesseurs auroient arrêté entr'eux des Statuts & Reglemens en consequence de l'Edit mil cinq cens quatre-vingt dix-sept, aprouvés par les Juges de Police de ladite Ville de Saint Lo, que lesdits Statuts n'ayant pas suffisamment pourvû à tout ce qui peut regarder l'avantage & la discipline de la Profession, ils nous auroient demandé l'homologation d'autres Statuts, que nous aurions renvoyé pour être examinés au Sieur Intendant de la Generalité de Caën, qui auroit estimé que pour établir le bon ordre, & ôter tout sujet de procés entre leurs Communautez & les Neufiliers & Lassetiers établis aussi dans ladite Ville, il étoit préalable de les unir ensemble, en sorte qu'ils auroient passé un Acte en forme de Transaction le dixiéme Janvier mil sept cens dix-neuf, pour ne composer dorénavant qu'un seul & même Corps de Communauté, & auroient redigé des nouveaux Statuts au nombre de vingt-un article, pour l'execution desquels les Exposants, les Neufiliers & Lassetiers nous auroient suplié de vouloir leur acorder nos Lettres de confirmation sur ce necessaire: A CES CAUSES, de l'avis de notre très cher & très amé Oncle le Duc d'Orleans Regent, & de notre Conseil qui a vû lesd. Statuts en forme de Reglemens, au nombre de vingt-un article, ensemble la Transaction passée entre les Passementiers, Tissutiers, Rubanniers, Neufiliers & Lassetiers de notre Ville, Fauxbourgs & Banlieuë de la Baronnie & des Paroisses dépendantes de la Vicomté de Saint Lo, le tout ci-attaché sous le contre Scel de notre Chancellerie; de notre grace speciale, pleine puissance & autorité Royale, nous avons iceux, ensemble ladite

Tranſaction ratifiée, aprouvée & confirmée, & par ces Preſentes ſignées de notre main, ratifions, aprouvons & confirmons leſdits Statuts & Reglemens, au nombre de vingt-un article, voulons & nous plaît qu'ils ſoient gardez & obſervez ſelon leur forme & teneur par leſdits Paſſementiers, Tiſſutiers & Rubanniers, & les Neufiliers & Laſſetiers, ainſi unis & leurs ſucceſſeurs ſans qu'il y ſoit contrevenu, pourvû toutefois que leſd. Statuts ne ſoient contraires à nos Ordonnances, ni préjudiciables à nos Droits, SI DONNONS EN MANDEMENT, à nos amez & feaux Conſeillers les Gens tenants notre Cour de Parlement de Roüen, & autres nos Officiers & Juſticiers qu'il apartiendra que ces Preſentes ils ayent à faire regiſtrer, & de leurs contenu joüir & uſer leſd. Expoſans & leſd. Neufiliers & Laſſetiers ainſi unis & leurs ſucceſſeurs audit Métier pleinement, paiſiblement & perpetuellement, ceſſant & faiſant ceſſer tous troubles & empêchemens contraires, CAR TEL EST NOTRE PLAISIR, & afin que ce ſoit choſe ferme & ſtable à toujours, nous avons fait mettre notre Scel à ceſdites Preſentes. Donné à Paris au mois de Mai l'an de grace mil ſept cens vingt, & de notre regne le cinquiéme. Signé, L O U I S. Et ſur le repli eſt écrit : par le Roy, le Duc d'Orleans, ſigné PHELIPEAUX avec paraphe, *Viſa* ARGENSON, pour confirmation des Statuts aux Paſſementiers, Tiſſutiers, Rubanniers de la Ville de Saint Lo, & ſcellé en queuë de cire verte, & au côté dudit repli eſt écrit : leſd. Lettres Patentes portant confirmation des Statuts, ont été regiſtrées és Regiſtres de la Cour, pour être executées ſelon leur forme & teneur & joüir par les impetrans de l'effet & contenu d'icelle ſuivant l'Arrêt de la Cour, donné à Roüen en Parlement la Grande Chambre aſſemblée ce vingt-huit Juin mil ſept cens vingt, ſigné, Du Boſcq avec paraphe : & à la marge eſt écrit : confirmation des Statuts pour les Paſſementiers, Tiſſutiers, Rubanniers, Neufiliers & Laſſetiers de la Ville de Saint Lo.

Les Preſentes Copies conforme à l'original à nous repreſentées, collationnées par nous Luc Duhamel Ecuyer, Seigneur & Patron de Cloüay, Rochefort & autres lieux, Subdelegué à Saint Lo, l'original remis auſd. Gardes après icelle à Saint Lo ce quatre Novembre mil ſept cens trente-quatre.

L. DUHAMEL.

EXTRAIT DES REGISTRES

DE LA COUR DE PARLEMENT DE ROUEN.

VU par la Cour la Grande Chambre Aſſemblée, la Requête preſentée à icelle par la Communauté des Maîtres du Métier de Paſſementier, Tiſſutier, Rubannier, Neufilier & Laſſetier de la Ville, Fauxbourgs, Paroiſſes, Banlieuë & Vicomté de Saint Lo, auquel lui plût ordonnner que les Lettres Patentes à eux acordées par Sa Majeſté à Paris au mois de Mai dernier, portant confirmation des Statuts de leur Métier, enſemble leſd. Statuts ſeront regiſtrés és Regiſtres de notre Cour, pour être executés ſelon leur forme & teneur, & joüir par les impetrans, de l'effet & contenu d'icelle Arrêt étant ſur ladite Requête en datte du jour d'hier, portant ſoit communiqué au Procureur General du Roy, leſd. Statuts au nombre de vingt-un article, Lettres de confirmation d'iceux ci-deſſus dattées, & autres pieces attachées ſous le contre-ſcel d'icelle, Concluſions du Procureur General du Roy & oüi le Raport du Sieur le Paiſan de Bois Guilbert Conſeiller Commiſſaire : Tout conſideré, la Cour, la Grande Chambre aſſemblée, à ordonné & ordonne que leſd. Statuts & Lettres de confirmation d'iceux ſeront regiſtrées és Regiſtres de la Cour, pour être executées ſelon leur forme & teneur, & joüir par les impetrans de l'effet & contenu d'icelle: à Roüen en Parlement le vingt-huit Juin mil ſept cens vingt. Signé, Du Boſcq avec paraphe : collationnée, ſigné, Vaucquier.

La preſente Copie conforme à l'original à nous repreſentée, collationnée par nous Luc Duhamel Ecuyer, Seigneur & Patron de Cloüay, Rochefort & autres lieux, Subdelegué à Saint Lo, l'original remis auſd. Gardes après icelle, à Saint Lo ce quatre Novembre mil ſept cens trente-quatre. L. DUHAMEL.

F 2

ARREST

RENDU CONTRE MONSIEUR DE MATIGNON.

LOUIS par la grace de Dieu, Roy de France & de Navarre, à tous ceux qui ces presentes verront ou auront : Salut, sçavoir faisons que ce jourd'hui la cause offrante en notre Cour de Parlement entre Jacques Goyon de Matignon, Chevalier de nos Ordres, Lieutenant General de nos Armées & de la Province de Normandie, demandant en requête d'oposition du vingt-huit Juin dernier, tendante à ce qu'il plût à notre Cour le recevoir oposant à l'Arrêt d'icelle rendu ledit jour vingt-huit Juin dernier, portant enregistrement des prétendus Statuts obtenus par les Passementiers & les Neufiliers de la Baronnie de Saint Lo, pour raisons & moyens à deduire en tems & lieu, & comparant ledit Seigneur de Matignon par Me. Jean Caruel son Procureur d'une part, & la Communauté des Maîtres Passementiers, Tissutiers, Rubanniers, Neufiliers & Lassetiers de la Ville, Fauxbourgs & Banlieuë de la Baronnie, & des Paroisses dépendantes de la Vicomté de Saint Lo, défendeurs de ladite Requête d'oposition, aussi comparants par Me. le Tourneur leur Procureur d'autre sans préjudice des qualitées; Oüi Nel Avocat, lequel a dit qu'ayant examiné les Statuts, & ce qui s'est fait, il n'a point trouvé où sa Jurisdiction soit blessée, au contraire Monsieur le Commissaire departi à qui nous avions adressé commission, en a ordonné la communication aux Officiers de Monsieur de Matignon comme Juge de Police, ainsi n'empêche l'execution de l'Arrêt d'homologation desd. Statuts; le Tellier Avocat pour ladite Communauté que le Sieur de Matignon ayant été obligé d'acquiescer à l'oposition que l'on avoit mal à propos & sans aucun pretexte ni fondement formée pour lui & l'Arrêt d'enregistrement desd. Statuts; rien ne peut plus apresent empêcher l'entiere & parfaite execution d'iceux en tout leur contenu ; pourquoi a conclu qu'il plaira à notre Cour en recevant le Sieur de Matignon oposant, le débouter de son oposition, & ordonner que ledit Arrêt sera executé selon sa forme & teneur, avec dépens selon de Mesnibus notre Avocat general pour notre Procureur general : notre dite Cour oüi notre

Procureur general, & du consentement des Parties, à reçû & reçoi celle de Caruel oposant à l'execution de l'Arrêt de notre Cour du vingt-huit Juin dernier, faisant droit sur l'oposition, l'on a débouté & ordonné que ledit Arrêt sera executé selon sa forme & teneur avec dépens: SI DONNONS EN MANDEMENT, au premier des Huissiers de notre Cour de Parlement de Roüen, ou autres nos Huissiers ou Sergeans sur ce requis, mettre le present Arrêt à duë & entiere execution selon sa forme & teneur, de part lesd. Passementiers de ce faire te donnons pouvoir. Donné à Roüen en Parlement le neuviéme Août l'an de grace mil sept cens vingt, & de notre regne le cinquiéme. Ensuite est écrit, collationné, signé, Foüet avec paraphe. Controllé, collationné. Plus bas: par la Cour, au dessous signé le Jeune avec paraphe: scellé le quatorze Août mil sept cens vingt: en marge est écrit le 24. d'Août 1720, signé, Jean Caruel Procureur.

EXTRAIT DES REGISTRES

DU CONSEIL D'ETAT.

VU par le Roy en son Conseil la Requête des Maîtres & Gardes Passementiers, Rubanniers de la Ville de Saint Lo, contenant que pour faire cesser les abus qui s'étoient introduits dans leur Manufacture, ils auroient obtenu des Lettres Patentes pour faire homologuer des nouveaux Statuts qui y ont pourvû, mais que quelques Maîtres de ladite Communauté ayant dessein de ne se pas conformer, se sont retirez hors de la Vicomté de Saint Lo, & y ont attiré beaucoup d'Ouvriers & d'Ouvrieres parce qu'ils n'y sont plus sujets aux visites desd. Maîtres & Gardes, & qu'ils peuvent s'écarter impunement de la disposition des Reglemens, ce qui seroit capable de détruire totalement ladite Manufacture si Sa Majesté n'avoit la bonté de faire de très expresses inhibitions & défenses, tant aux Maîtres Passementiers, Rubanniers de Saint Lo & lieux en dépendants, qu'aux Compagnons Aprentifs, Aprentiſſes, & autres qui ont ci-devant travaillé de ladite Profeſſion dans la Ville, Fauxbourgs, Banlieuë & Vicomté de Saint Lo, de ſe retirer hors de leur étenduë, & d'ordonner qu'ils ſeront tenus d'y rentrer dans quinzaine, ou de s'aller établir dans d'autres lieux où il y a des Maîtriſes, ſans pouvoir ſous aucun pretexte demeurer dans ceux qui ne ſont point ſujets aux Statuts & Reglemens de la Communauté, ſinon, permettre auſd. Maîtres & Gardes de ſaiſir, enlever & confiſquer à leur profit, tous les Métiers & Ouvrages qui ſe trouveront hors de la Vicomté, dans des lieux eſquels il n'y a point de Maîtriſes, & que les contrevenants ſeront en outre condamnez en cinq cens livres d'amende: L'avis du Sieur Guinet Conſeiller d'Etat, Intendant de la Generalité de Caën, oüi le Raport du Sieur Dodun Conſeiller ordinaire au Conſeil Royal & au Conſeil de Regence, Controlleur general des Finances, le Roy en ſon Conſeil, a ordonné & ordonne que dans quinzaine du jour de la ſignification du preſent Arrêt, les nommez Beaufils & Mouſſu, Maîtres Paſſementiers, Rubanniers, Pierre le Cocq & Jacques Paſturel Aprentifs, nouvellement établis dans le Bourg de Marigny, ſeront tenus de rentrer dans la Ville, Fauxbourgs, Banlieuë & Vicomté de Saint Lo, pour y exercer ladite Profeſſion, & ſe conformer aux Statuts & Reglemens de ladite Communauté, à peine de confiſcation de leurs Métiers & Ouvrages, & de cinq cens livres d'amende: Ordonne auſſi Sa Majeſté, que ſans tirer à conſequence, leſd. le Cocq & Paſturel qui avant l'homologation deſdits Statuts travailloient en ladite Profeſſion, y ſeront reçûs Maîtres en faiſant Chef-d'œuvre, ſans être aſſujettis à faire deux années d'Aprentiſſage, & que les Maîtres Paſſementiers de ladite Ville de Saint Lo, ſeront tenus de fournir du travail à Catherine Laurens & Jeanne du Prey Ouvrieres, qui en ſeront payées au même prix que les autres Ouvrieres: Fait au ſurplus Sa Majeſté défenſes ſous les mêmes peines à tous Maîtres, Compagnons & Aprentifs de ladite Communauté, de ſe retirer hors de la Vicomté de Saint Lo, & enjoint au Sieur Guynet Conſeiller d'Etat, Intendant de la Generalité de Caën, de tenir la main à l'execution du preſent Arrêt: Fait au Conſeil d'Etat du Roy, tenu à Verſailles le vingt-deuxiéme jour de Septembre mil ſept cens vingt-deux. Collationné, ſigné, RANCHIN avec paraphe.

FRANCOIS GUYNET Ecuyer, Seigneur D'Arthel & autres lieux, Conseiller d'Etat, Intendant en la Generalité de Caën.

VU le present Arrêt : Nous Intendant susdit, ordonnons qu'il sera executé selon sa forme & teneur. Fait à Caën ce six Novembre mil sept cens vingt-deux : signé, GUYNET.
Et plus bas, par Monseigneur, Vallaupuy.

LOUIS par la grace de Dieu, Roy de France & de Navarre ; à notre amé & feal Conseiller en notre Conseil d'Etat le Sieur Guynet, Intendant & Commissaire departi pour l'execution de nos Ordres en la Generalité de Caën, Salut : Nous vous mandons & enjoignons de tenir la main à l'execution de l'Arrêt dont l'extrait en est ci-attaché sous le contre-scel de notre Chancellerie ce jourd'hui donné en notre Conseil d'Etat pour les causes y contenuës, commandons au premier notre Huissier ou Sergeant sur ce requis, de signifier ledit Arrêt aux nommez Beaufils & Moussu, à Pierre le Cocq & à Jacques Pasturel, & aux autres y denommez, & à tous autres qu'il apartiendra à ce qu'aucun n'en ignore ; & fais en outre pour son entiere execution à la Requête des Maîtres & Gardes Passementiers, Rubanniers de la Ville de Saint Lo, tous commandemens, sommations, défenses y contenus sous les peines y portez, & autres actes & exploits nécessaires, sans autres permission, nonobstant clameur de haro Charte Normande & Lettres à ce contraires, CAR TEL EST NOTRE PLAISIR : Donné à Versailles le vingt-deuxiéme jour de Septembre l'an de grace mil sept cens vingt-deux, & de notre regne le huitiéme : Par le Roy en son Conseil le Duc d'Orleans Regent present, signé, RANCHIN avec paraphe : scellé le neuviéme d'Octobre mil sept cens vingt-deux.

Collationné à l'original par Nous Subdelegué à Saint Lo, à nous representé par Robert Hoüel, l'un des Maîtres de ladite Communauté, & à lui remis après icelle, à Saint Lo ce treize Juin mil sept cens trente-neuf.

L. DUHAMEL.

COPIE DE L'ARREST DU CONSEIL,

Du 13. Mars 1725.

Qui attribuë à M. l'Intendant de la Generalité de Caën la connoissance des contestations au sujet des Manufactures des Passementiers de Saint Lo.

VU par le Roy étant en son Conseil la Requête presentée par les Gardes de la Manufacture des Passementiers, Neufiliers, Lassetiers de la Ville de Saint Lo, contenant que Sa Majesté leur auroit accordé en l'année mil sept cens vingt des Statuts pour les établir en corps & Communauté, lesquels Statuts auroient été enregistrés au Parlement de Normandie, nonobstant l'oposition du Sieur Comte de Matignon, Baron de Saint Lo, & qu'ensuite ils les auroient aussi fait enregistrer au Greffe de l'Hôtel de Ville, afin que les contestations qui pourroient survenir dans leur Communauté, puissent être portées devant les Maires & Echevins de ladite Ville, conformément aux Reglemens generaux de l'année 1669. Qu'il y a actuellement un Procés pendant au Conseil entre lesdits Maire & Echevins de Saint Lo, & les Juges de la Baronnie dudit lieu, au sujet de la jurisdiction des Manufactures, & que cette contestation est non seulement cause que cette Manufacture est restée sans Juge, mais a encore donné lieu à une infinité de contraventions ausdits Statuts, & Sa Majesté connoissant combien il est util au bien des Manufactures que la Police y soit maintenuë. Oüi le Raport du Sieur Dodun, Conseiller ordinaire au Conseil Royal, Controlleur general des Finances: Le Roy étant en son Conseil, à ordonné & ordonne que les Passementiers, Neufiliers, Lassetiers de la Ville de Saint Lo, continueront de proceder tous les ans aux élections de Gardes jurés de leur Communauté; veut Sa Majesté que ceux d'entr'eux qui seront élûs, prêtent le serment accoûtumé entre les mains du Sieur Intendant & Commissaire départi en la Generalité de Caën, auquel

quel Sa Majesté attribuë la connoissance des contraventions aux Statuts de la Communauté des Passementiers, Neufiliers, Lassetiers, & des differens qui pourront survenir pour raison de ce, & ce par provision, & jusqu'à ce que le Conseil pendant actuellement au Conseil entre les Maires & Echevins de Saint Lo d'une patt, & les Juges de la Baronnie dudit lieu d'autre part, au sujet de la jurisdiction des Manufactures que chacun d'eux prétend avoir soit terminé, & sans préjudice du droit des parties qui ont interêt à ladite instance, enjoint Sa Majesté au Sieur Intendant de la Generalité de Caën de tenir la main à l'execution du present Arrêt : Fait au Conseil d'Etat du Roy Sa Majesté y étant, tenu à Versailles le 13. Mars 1725.

EXTRAIT DES REGISTRES

DU CONSEIL D'ETAT.

VU au Conseil d'Etat du Roy la Requête respective presentée en icelui par le Sieur Vincent Ajudicataire des droits de Tarif de la Ville de Saint Lo d'une part, & la Communauté des Marchands Tissutiers, Rubanniers de la même Ville d'autre part, celle du Sieur Vincent tendante à ce qu'il plaise à Sa Majesté pour les causes y contenuës, ordonner que les Arrêts du trois Août 1661. & onze de Juin 1726. ensemble l'Ajudication des Droits de Tarif de ladite Ville de Saint Lo, passez au profit du Supliant le trente Decembre 1727. seront executés selon leur forme & teneur, en consequence autoriser d'abondant le Supliant à percevoir trois deniers par livre du fil de lanfer, & deux deniers par livre du fil d'étoupe que les Marchands Tissutiers, Rubanniers de ladite Ville de Saint Lo achetent & font entrer & autres droits, quarante-cinq sols du cent pesant de Ruban de fil & Neufile qu'ils fabriquent, toute abonnement sur leur Métier cessant, & condamner les contestans aux dépens.

Celle des Marchands Tiſſutiers, Rubanniers tendante au contraire par le moyen y contenu, à ce qu'il plaiſe à Sa Majeſté faire droit ſur l'opoſition par eux formée à la perception que led. Sieur Vincent prétend faire d'un double droit, l'un ſur la matiere de leur Ouvrage qui eſt le fil, & l'autre ſur les Ouvrages même ou Rubans qui en ſont fabriquez; declarer ledit Ajudicataire mal fondé dans ſa demande, dont il ſera débouté en conſequence, de ordonner que ledit Ajudicataire percevra ſeulement ou les droits ſur le fil ſpecifié nommément dans le Tarif du treize Août 1661. ſi mieux n'aime Sa Majeſté ordonner ſans s'arrêter auſd. articles concernant les fils inſerez audit Tarif, il en ſera uſé à l'avenir comme aux années anterieures à l'Ajudication paſſé au profit du Sieur Vincent le 30. Decembre 1727. à ſçavoir que les droits de Tarif ſeront perçus ſur les ouvrages fabriquez des Suplians par abonnement ſur chaque Métier, à commencer du jour de ladite Ajudication du 30. Decembre 1727. leſquels abonnemens ſeront reglez ſur le pied de ceux qui ont été faits pendant les 3. années du Bail précedent, ſur le prix deſquels ledit Sieur Vincent ſera tenu de leur tenir compte en diminution de ce qu'il aura reçû des droits ſur le fil que chaque Tiſſutier, Rubannier aura acheté, & fait entrer dans ladite Ville de Saint Lo depuis ledit jour trente de Decembre 1727.

Vû auſſi l'avis du Sieur de Vaſtan Intendant & Commiſſaire départi en la Generalité de Caën, tout conſideré, oüi le raport du Sieur le Pelletier Conſeiller d'Etat ordinaire au Conſeil Royal, Controlleur general des Finances, le Roy en ſon Conſeil faiſant droit ſur le tout conformément à l'avis du Sieur de Vaſtan, & ſans s'arrêter à l'article inſeré dans le Tarif du 13. Août 1661. concernant les droits ſur les Fils de lanfer & Fil d'étoupe qui doivent être perçus à l'entré de la Ville de Saint Lo, à ordonné & ordonne que à l'avenir & à commencer du 30. Decembre 1727. jour de ladite Ajudication des droits de Tarif de ladite Ville de Saint Lo au profit du Sieur Vincent, les droits de Tarif qui peuvent être dûs par la Communauté des Tiſſutiers, Rubanniers, ſeront perçus ſeulement ſur les ouvrages de leur Fabrique par abonnement ſur chaque Métier, ainſi qu'il en a été uſé aux années anterieures de ladite Ajudication du 30. Decembre 1727. leſquels abonnemens feront reglez fur le pied de ceux qui ont été faits pendant les trois années du Bail précedant à celui du Sieur Vincent, lequel tiendra compte en diminution aufdits Tiffutiers, Rubanniers, fur le prix des nouveaux abonnemens qu'il fera avec eux de ce qu'il aura reçû des droits fur les Fils que chaque Rubannier aura acheté ou fait entrer dans ladite Ville de Saint Lo depuis ledit jour 30. Decembre 1727.; ordonne en outre Sa Majefté que tous les Tiffutiers, Rubanniers, qui a deffein de s'exempter induement du payement des droits, fe font établis hors des limites, quoique aux environs de la Ville de Saint Lo, feront tenus d'y rentrer dans l'efpace de trois mois, pour y exercer leur Profeffion, finon & à faute de ce faire ledit délai expiré, ils feront & demeureront également affujetif au Tarif à raifon du prix qui fera fixé par abonnement fur chaque Métier, ainfi qu'il eft ci-deffus ordonné; enjoint Sa Majefté au Sieur Intendant & Commiffaire départi en la Generalité de Caën, de tenir la main à l'execution du prefent Arrêt, lequel fera executé felon fa forme & teneur, nonobftant opofition ou empêchement quelconques, dont fi aucuns interviennent, Sa Majefté s'eft refervé & à fon Confeil la connoiffance, & à icelle interdit à toutes les Cours & autres Juges. Fait au Confeil d'Etat du Roy tenu à Verfailles le 30. Août 1729. Collationné, figné, GUIOT avec paraphe.

FELIX AUBERT, Chevalier, Marquis de Vaftan, Confeiller du Roy en fes Confeils, Maître des Requêtes ordinaire de fon Hôtel, Intendant de la Generalité de Caën.

VU l'Arrêt ci-deffus du Confeil d'Etat en datte du 30, Août 1729. Nous ordonnons qu'il fera executé felon fa forme & teneur. Fait à Caën ce fept Avril 1730. figné, DE VASTAN avec paraphe.

Et plus bas, Par Monfeigneur,
DE LA SALLE.

EXTRAIT DES REGISTRES DU CONSEIL D'ETAT.

Du 9. Decembre 1738.

VU au Conſeil d'Etat du Roy la Requête preſentée en icelui par les Gardes de la Communauté des Paſſementiers, Tiſſutiers, Rubanniers de la Ville, Fauxbourgs & Banlieuë de la Baronnie de Saint Lo, & des Paroiſſes dépendantes de la Vicomté dudit Saint Lo, contenant que le nommé Etienne Capelle n'ayant pas réuſſi dans le deſſein qu'il avoit conçû de travailler de la Profeſſion de Paſſementier à Saint Lo ſous le nom de Françoiſe Germain ſa femme, auparavant Veuve de Nicolas le Rouſſel l'un des Maîtres de cette Communauté, s'eſt aviſé ſous pretexte d'une Lettre de Maîtriſe qu'il avoit levée, de ſe retirer le trente Decembre mil ſept cens trente-cinq au Bourg de Thorigny, éloigné ſeulement de deux lieuës de la Ville de Saint Lo, pour y exercer la Profeſſion de Paſſementier, qu'à ſon exemple Jean Capelle, qui a auſſi épouſé une Veuve de Maître de ladite Manufacture de Saint Lo, ayant levé une pareille Lettre de Maîtriſe, s'eſt auſſi établi au même Bourg de Thorigny, avec un nombre conſiderable de Métiers & d'Ouvriers, en quoi ces deux particuliers ont directement contrevenu tant à la diſpoſition de l'article quinze des Statuts des Suplians, qui ne permet aux Veuves des Maîtres de joüir des Privileges de la Maîtriſe que tant qu'elles reſteroient en Viduité, qu'à l'Arrêt du Conſeil du vingt-deux Septembre mil ſept cens vingt-deux, en ordonnant à un des Maîtres & à deux Aprentifs de cette Communauté, qui s'étoient retirez au Bourg de Marigny, de rentrer dans quinzaine dans la Ville, Fauxbourgs & Banlieuë & Vicomté de Saint Lo, ſous peine de confiſcation de leurs Ouvrages & Métiers, & de cinq cens livres d'amende, avec défenſes ſous les mêmes peines à tous Maîtres,

Compagnons & Aprentifs de ladite Communauté de se retirer hors de ladite Vicomté de Saint Lo, à quoi les Suplians auroient ajoûté que les Lettres de Maîtrise qu'Etienne & Jean Capelle ont levées, n'ont jamais pû leur servir de pretexte pour aller s'établir à Thorigny, où il n'y a ni Jurande ni Maîtrise, parce que l'intention de Sa Majesté en établissant des Maîtrises dans les Corps & Communautez, à toujours été qu'elles fussent exercées dans les lieux où il y avoit des Jurés & des Gardes qui puissent veiller à l'execution des Statuts & Reglemens & Arrêts, les abus & contravention que pourroient commettre impunement des gens qui ne seroient assujetis à aucunes visites, requeroient à ces causes les Suplians qu'il plût à Sa Majesté sans s'arrêter à la Sentence de reception desd. Capelle à la Maîtrise renduë par le Juge de Thorigny le dixiéme Septembre mil sept cens trente-six, ordonner que lesdits Capelle, leurs Femmes, Aprentifs, Ouvriers & Compagnons, seront tenus de retourner dans la Ville & Banlieuë de St. Lo, sauf ausd. Capelle au cas qu'ils voulussent être admis à la Maîtrise de Passementier à Saint Lo, à se conformer aux articles quatre & cinq des Statuts de ladite Communauté, & en consequence de justifier de leurs Brevets d'Aprentissage, & faire le Chef-d'œuvre ordonné par lesdits Statuts, & au surplus renouveller les défenses portées par ledit Arrêt du Conseil du vingt-deuxiéme Septembre mil sept cens vingt-deux, contre les Maîtres, Aprentifs & Compagnons qui auroient travaillé de ladite Profession dans la Ville, Fauxbourgs & Banlieuë de ladite Vicomté de Saint Lo : Vû aussi le Procés-verbal des dires & contestations tant desd. Gardes de ladite Communauté des Passementiers de Saint Lo, que desdits Etienne & Jean Capelle fait le vingt-huitiéme Septembre mil sept cens trente-sept, par devant le Subdelegué à Saint Lo du Sieur de Vastan Intendant & Commissaire départi pour l'execution des Ordres de Sa Majesté en la Generalité de Caën, auquel la Requête de ladite Communauté des Passementiers de Saint Lo avoit été envoyée pour entendre les Parties & donner son avis; l'avis dudit Sieur de Vastan, les Statuts desd. Passementiers, ledit Arrêt du Conseil du vingt-deux Septembre mil sept cens vingt-deux, & autres Pieces justificatives de la Requête ci-dessus énoncée ; Oüi le Raport du Sieur Orry, Conseiller d'Etat & ordinaire au Conseil Royal, Controlleur general des Finances, & tout consideré :

Le Roy en son Conseil ayant aucunement égard à la Requête de ladite Communauté des Passementiers, Rubanniers de Saint Lo, sans s'arrêter à la Sentence du Juge de Thorigny du dixiéme Septembre mil sept cens trente-six, à ordonné & ordonne que lesd. Capelle, leurs Femmes, Aprentiss, Compagnons & Ouvriers, seront tenus dans un mois à compter du jour de la signification du present Arrêt, de rentrer dans la Ville, Fauxbourgs ou Banlieuë de Saint Lo, où lesd. Capelle pourront si bon leur semble, travailler de ladite Profession de Passementier, Rubannier en vertu de leurs Lettres de Maîtrise, à la charge par eux de prêter serment par devant les Officiers de Police de ladite Ville de Saint Lo en la maniere ordinaire, & de payer pour tous droits de reception à la Maîtrise chacun la somme de treize livres aux Gardes de ladite Communauté; ordonne au surplus Sa Majesté que la disposition de l'Arrêt du Conseil du vingt-deux Septembre mil sept cens vingt-deux, concernant les défenses qui y sont faites à tous Maîtres, Compagnons & Aprentifs de ladite Communauté des Passementiers, de se retirer hors de ladite Vicomté de Saint Lo, pour travailler de ladite Profession de Passementier, seront executés, enjoint audit Sieur de Vastan Intendant de ladite Generalité de Caën, de tenir la main à l'execution du present Arrêt. Fait au Conseil d'Etat du Roy tenu à Versailles le neuf du mois de Decembre mil sept cens trente-huit. Collationné, signé, EYNARD. Et au dessous est écrit:

FELIX AUBERT Chevalier, Marquis de Vastan, Conseiller du Roy en ses Conseils, Maître des Requêtes honoraire de son Hôtel, Intendant & Commissaire départi en la Generalité de Caën.

VU l'Arrêt ci-dessus du Conseil d'Etat du neuf du mois de Decembre dernier: Nous ordonnons que ledit Arrêt sera executé selon sa forme & teneur, & à cet effet signifié à qui il apartiendra. Fait à Caën le 20. Mai 1739. signé, DE VASTAN.

LOUIS par la grace de Dieu, Roy de France & de Navarre; à notre amé & feal Conseiller en nos Conseils, Maître des Requêtes ordinaire de notre Hôtel, le Sieur de Vastan, Intendant & Commissaire départi pour l'execution de nos Ordres en la Generalité de Caën, Salut: Nous vous mandons & enjoignons de tenir la main à l'execution de l'Arrêt dont l'Extrait est ci-attaché sous le contre-scel de notre Chancellerie ce jourd'hui rendu en notre Conseil d'Etat sur la Requête à nous presentée en icelui par les Gardes de la Communauté des Passementiers, Tissutiers, Rubanniers de la Ville, Fauxbourgs & Banlieuë de la Baronnie de Saint Lo, & des Paroisses dépendantes de la Vicomté de Saint Lo; Commandons au premier notre Huissier ou Sergeant sur ce requis, de signifier ledit Arrêt à tous qu'il apartiendra à ce qu'aucun n'en ignore, & de faire en outre pour son entiere execution à la Requete de ladite Communauté, tous Commandemens, Sommations & autres Actes & Exploits requis & nécessaires sans autre permission, nonobstant clameur de haro Charte Normande, & autres Lettres à ce contraires, CAR TEL EST NOTRE PLAISIR. Donné à Versailles le neuviéme jour de Decembre, l'an de grace mil sept cens trente-huit, & de notre regne le vingt-quatriéme: Par le Roy en son Conseil, signé, EYNARD, & à côté, scellé le huit Mai 1739. & en queuë scellé d'un Sceau de cire jaune.

Vû la presente Copie, conforme à l'original, presentée par les Gardes. A Saint Lo ce vingt-six Septembre 1739.

L. DUHAMEL.

A MONSIEUR,

MONSIEUR DUHAMEL Ecuyer, Seigneur & Patron de Cloüay, Rochefort & autres lieux, Subdelegué de Monseigneur l'Intendant de la Generalité de Caën en l'Election de Saint Lo.

SUPLIENT humblement les Marchands Drapiers-Merciers de la Ville de Saint Lo.

ET vous remontrent qu'ils font ordinairement Commerce des Rubans de fils qu'ils achetent des Passementiers, Rubanniers de ladite Ville, que la fraude qui se fait très souvent dans la Fabrique de ces sortes de Marchandises par partie des Maîtres fabriquants, à tellement d'écrié cette Manufacture, qu'ils sont chargés considerablement desd. marchandises. & ont beaucoup de peine à s'en procurer la vente, qu'il s'est glissé un abus dans la Fabrique dudit Ruban de fil qui doit être composé suivant l'article dix-huit des Statuts de 29. fils au moins, n'y est très souvent employé que 27. fils; au même article que la Bandelette ou grande laise sera composée de 49. fils au moins, au lieu de quoi lesdits Fabriquants n'y en mettent très souvent que 45., & lorsque lesd. Gardes font leurs visites, & qu'ils demandent raison desd. abus, lesd. Fabriquants leurs suposent que ledit Ruban & Bandelette est pour faire des Padous; cette suposition les mets à l'abri de la contravention où ils sont tombés, lesd. marchandises n'étant nullement pour faire du Padou, mais bien pour vendre aux Marchands sous le nom de Bordure & Bandelette, & lesd. Gardes ne peuvent rien conclurent contre lesd. Fabriquants; que lesd. Fabriquants ceux qui ordinairement font de mauvais ouvrages, ne satisfont point à l'article dix-neuf desd. Statuts, qui est d'aposer leur marque aux deux bouts de chaque Piece de Marchandise qu'ils fabriqueront, ce qui leur donne encore occasion à se relâcher dans la bonté desd. Ouvrages; pour remedier à ces abus si préjudiciable à ladite Manufacture, les Suplians vous donnent leur Requête,

A ce qu'il vous plaise, Monsieur, ordonner en interprêtant lesd. articles desd. Statuts, que chaque Piece de Marchandise destinée à faire du Padou composée de 27. fils & de 45. fils, il y sera employé un fil de couleur à chaque Piece desd. Ouvrages, & que tous lesd. Fabriquants seront tenus d'aposer leur marque sur tous leursd. Ouvrages, conformément à l'article dix-neuf desd. Statuts, & que faute par eux de satisfaire, ils seront condamnés pour chaque Piece à tel amende qu'il vous plaira prononcer, & vous ferez justice.

Presentée à Saint Lo ce 15. Octobre 1739. signés, Poisson, Viellard, P. Le Miere, Du Bisson, Du Prey & Cappelle.

Soit communiquée aux Gardes de la Communauté des Passementiers pour y repondre, & être ordonné ce qu'il apartiendra, à Saint Lo ce 16. Octobre 1739. signé, L. DUHAMEL.

Dudit

Dudit jour devant Nous Subdelegué susdit, les Gardes & Maîtres assemblés, s'étant presentés devant nous, ont dit qu'après s'être conferés & avoir examinés le contenu en la Requête ci-dessus à nous presentée par les Marchands Drapiers-Merciers, ils conviennent & reconnoissent que les abus dont se plaignent lesd. Marchands, se sont introduits chez partie des Maîtres de la Communauté, & qu'il est juste de prévenir & empêcher à l'avenir lesd. abus, ce qui est facile de faire en assujettant tous les Maîtres de ladite Communauté qui voudront faire des Padous de 27. & 45. fils conformément aux Statuts, seront tenus d'y mettre au moins dans chaque piece un fil de couleur, pour éviter que lesd. Padous de 27. & 45. fils ne soient vendus pour Bordure & Bandelette, lesd. Bordures & Bandelettes ne pouvant être à moins de 29. & 49. fils, conformément à l'article dix-huit des Statuts; conviennent ainsi que partie desd. Maîtres négligent de se conformer à l'article dix-neuf desd. Statuts au sujet de la marque, & n'empêchent qui n'y soit pourvû, dont du tout nous avons accordé acte, & vû les declarations & reconnoissances desd. Gardes & Maîtres, nous avons ordonné que les articles dix-huit & dix-neuf seront executées selon leur forme & teneur, & en expliquant l'article dix-huit desd. Statuts au sujet des Padous, pour éviter que lesd. Padous ne puissent être vendus pour Bordure & Bandelette, ordonné que dans chaque piece composée de vingt-sept & quarante-cinq fils, il sera mis un fil de couleur, à peine de confiscation desd. pieces où il n'auroit été mis un fil de couleur, conformément à notre presente Ordonnance, & de trois livres d'amende pour chacune des pieces qui se trouvera en contravention; défenses sous les mêmes peines à tous les Maîtres de ladite Communauté, de faire des Bandelettes & Bordures à moindre nombre de fils que ceux portées par les Statuts, & attendu qu'il pourroit se trouver quelques chaînes montées de Padou où il n'y auroit point de fils de couleur, permis d'achever lesd. chaînes, pourquoi tems de quinzaine accordée, à condition que lesd. pieces ne pourront être venduës que pour Padou; enjoint aux Gardes après ledit tems de quinzaine, d'arrêter tous les prétendus Padous qui se trouveroient sur les Métiers sans avoir led. fil de couleur; enjoint aussi auxd. Gardes de notifier aux Maîtres absents notre presente Ordonnance & de nous en certifier & mandement, Signé, L. DUHAMEL, P. le Cocq, J. T. de la Lande, Georges le Corps, Isaac Lucette, Jean des Landes, N. Hardy, T. Mahias, Robert Hoüel, J. Pasturel, P. le Corps, G. Jourdan, Michel le Moine, P. du Prey, Julien Perron, P. Beaufils, P. le Corps, Jean Bouteillier, Beaufils, Bucaille, Julien du Chemin, E. Capelle, le Bouteillier, Perron, Philippe le Dentu, Capelle, Pierre Ravend.

La presente conforme à la Minutte étant au Greffe de la Subdelegation de Saint Lo, & delivrée à Robert Hoüel Contre-Gardes de la Manufacture desd. Passementiers, par moi Greffier-Secretaire de ladite Subdelegation soussigné ce dix-neuf Octobre mil sept cens trente-neuf.

C. le Fangueux de la Besnardiere.

Du vingt-deux Octobre mil sept cens trente-neuf se sont presentés les Gardes & Contre-Gardes de la Communauté des Passementiers de cette Ville, lesquels en execution de notre dont copie est ci-dessus, nous ont attesté avoir avertis les Maîtres absens & Veuves de leurd. Communauté du contenu ci-dessus pour s'y conformer, ce qu'ils ont signé avec nous. L. DUHAMEL. P. le Cocq, T. Mahias, Robert Hoüel.

A MONSIEUR,

MONSIEUR DUHAMEL Chevalier, Seigneur & Patron de Cloüay, Rochefort, Saint Jean de Savigny & autres lieux, Subdelegué de Saint Lo.

SUPLIENT humblement les Gardes, Contre-Gardes de la Manufacture des Passementiers, Rubanniers de Saint Lo, & lieux en dépendants.

ET Vous remontrent que tous les Maîtres de leur Communauté ont estimé qu'il feroit utile & avantageux de faire imprimer des Exemplaires des Statuts & Lettres Patentes qu'il a plû au Roy leur acorder pour l'établissement de leur Manufacture, perfection & manutention, ainsi que de l'Arrêt du Parlement de la Province, qui en a ordonné l'enregistrement au Greffe de la Cour, & des Arrêts du Conseil d'Etat qui ont été depuis rendus, qui ordonnent l'execution desdits Statuts, en condamnant les entreprises que quelques particuliers faisoient au préjudice desd. Statuts & de la Manufacture, parce que chaque Maître ayant par devers lui un Exemplaire du tout, se trouvent plus en état d'en connoître les dispositions, & de s'apliquer à en suivre les Reglemens, laquelle dépense doit être à la charge de lad. Communauté, suivant la Quittance qui en sera prise de l'Imprimeur, pour cette somme être repartie avec les autres charges de ladite Communauté, & en la forme ordinaire.

Les Suplians se trouvent obligez de vous remontrer, Monsieur, qu'il s'introduit depuis peu un abus dans ladite Manufacture, qu'il est à propos de reprimer avant qu'il ait pris plus de progrés, parce qu'il seroit au détriment de la Manufacture, & feroit préjudice au public.

Pour cela il convient de vous observer que par une des dispositions de l'article dix-huit desdits Statuts, il est dit .... la Neufile apellée quart de laise, sera composée de dix-sept ou dix-neuf fils plus ou moins selon l'usage des tems, que quelques Maîtres en ont fait à onze fils, & avec de gros fil, ce qui la rendroit plus étenduë, & on la passe pour une Neufile à plus grand compte.

Que le moyen Padou sera de trente-trois, ou trente-sept fils.

Le Padou & tout l'ouvrage doit être de couleur, mais cependant depuis peu quelques Maîtres en font en blanc, ce qui est une contravention audit article, qui fait distinction des Padous de toutes couleurs pour la portée des fils, pourquoi pour remettre les choses dans leur veritable état en conformité desdits Statuts, les Suplians vous donnent la presente Requête.

Ce considéré, mondit Sieur, il vous plaise en acorder acte, &

y ayant égard, autoriser de faire faire l'impression dont est ci-devant parlé, & de permettre l'imposition des frais avec les autres charges de la Communauté, & en la forme ordinaire, faire défenses d'employer de gros fils à la portée d'onze fils pour les quarts de laise, & de faire des Padous en blanc, autrement que de couleur, en rayeure ou jaspée, sous peine de confiscation de l'Ouvrage, & de telle amende qu'il vous plaira prononcer, & à executer comme de Police, à laquelle fin la presente Requête & votre Ordonnance qu'il vous plaira ordonner rendre, sera luë & publiée dans une Assemble generale de la Communauté, & le tout transcrit sur le Registre de ladite Manufacture étant en votre Greffe, pour y avoir recours, & enjoindre aux Gardes successifs d'y tenir la main chacun en droit soi, sous telles peines qu'il vous plaira ordonner, & vous ferez justice.

Presentée à Saint Lo ce vingt-huit Novembre mil sept cens quarante-un.

E. Capelle, J. Hoüel, T. Mahias.

Acte de la presente, & permis de faire imprimer lesd. Statuts, Arrêt & Reglemens, pour en être remis une Exemplaire à chacun des Maîtres, parce que les frais d'impression seront imposée avec les autres charges de la Communauté sur tous les Maîtres, & faisant droit sur la representation faites par lesdits Gardes & Maîtres; défense à tous Maîtres de faire des Neufiles communes à onze fils; défense pareillement de faire des Padous en trente-sept qui ne soient rayés & jaspés, & sera notre presente Ordonnance luë en l'Assemblée de la Communauté & executée comme de Police, à peine de trois livres d'amende & confiscation, & cependant comme il pourroit y avoir sur les Métiers de quelques uns des Maîtres desd. Neufiles communes & Padous sans mêlange de couleur, notre presente Ordonnance n'aura lieu à cet égard, que quinzaine après la lecture qui en sera faite en l'Assemblée de la Communauté: A Saint Lo ce vingt-huit Novembre mil sept cens quarante-un. L. DUHAMEL.

Etienne Capelle, Jacques Hoüel, Thomas Mahias, Robert Hoüel, Thomas du Prey, Jacques Pasturel, Pierre le Cocq,

Isſaac Lucette, Thomas de la Lande, Julien Perron, Pierre le Corps, Guillaume Jourdan, Jean des Landes, Bernard Bucaille, Pierre du Prey, Michel le Moine, Nicolas Hardy, Jean le Bouteiller, Capelle, Charles le Tellier, Jean Aubril, Nicolas Beaufils, Julien du Chemin, Jacques le Bouteilleir, du Prey, Beaufils, Pierre Ravend, Nicolas Deus, Jacques-Loüis Perron, J. Lôüis le Dentu, le Cocq.

AUTRE ORDONNANCE

DE MONSIEUR DUHAMEL.

Contre Michel Gohier, ayant épouſé une Fille de Maître, qui prétendoit être exempt de Chef-d'œuvre.

LEs Articles quatre & cinq deſd. Statuts portant qu'aucun ne pourra travailler dudit Métier en la Ville, & Fauxbourgs, Enclos Tariffé, Banlieuë, Vicomté, s'il ne fait Chef-d'œuvre, qu'il lui ſera baillé par les Gardes & Contre-Gardes, & deux autres Maîtres dudit Métier nommés par le Juge, & ſi ledit Chef-d'œuvre eſt trouvé bien & duëment fait, il ſera reçû Maître dudit Métier par ledit Juge.

La diſpoſition de l'article cinq ne fait que confirmer par abondance de droit le texe de l'article quatre que l'on viens de raporter.

Ces diſpoſitions étant generales, & qui ont leur principe dans le droit commun, concernant la reception à la Maîtriſe des Aprentifs qui épouſent des Filles des Maîtres, tout combat donc la prétention de Gohier, il doit ſe ſoumettre abſolument à l'évenement dudit Chef-d'œuvre, & ſuivant qu'il viens d'être dit.

Leſdits Gardes en parlant du droit commun & du droit general, rapellant à cet égard les dispositions des Reglemens & Statuts generaux du Royaume de 1669. qui portent en l'article cinquante : Et si lesd. Veuves & Filles de Maîtres épousent un Compagnon, il sera affranchir du tems qu'il seroit obligé de servir les Maîtres suivant lesd. Statuts & Reglemens, en faisant néanmoins le Chef-d'œuvre lors de sa reception à la Maîtrise, & ne payera aucuns droits que ceux que payent les Fils des Maîtres, pourquoi lesdits Gardes pour & au nom de la Communauté prennent contredit formel des fins & conclusions de la Requête dud. Gohier, & soutiennent que faute de vouloir accepter un Chef-d'œuvre, il sera débouté de sa demande, & en cas de contestation de sa part au contredit ci-dessus, lesdits Gardes & Contre-Gardes entendent en déliberer avec la Communauté, & faire autoriser leur soutien comme de Procés en regle: signé, L. DUHAMEL, E. Capelle, J. Hoüel, T. Mahias.

Du soutien des Gardes & Maîtres, nous avons ordonné qu'il fera Chef-d'œuvre au terme des l'articles quatre & cinq des Statuts de ladite Manufacture, & de l'article cinquante des Reglemens generaux de 1669. qui ordonne qu'aucun Compagnon épousant une Filler de Maître, ne sera reçû qu'en faisant Chef-d'œuvre, comme il est ci-dessus expliqué.

Nous avons nommé de notre office le Sieur Robert Hoüel, & Julien Perron, conjointement avec les Gardes & Contre-Gardes, pour lui donner Chef-d'œuvre, signé, L. DUHAMEL, E. Capelle, J. Hoüel, T. Mahias, Robert Hoüel, & Julien Perron.

Fait imprimer par nous Etienne Capelle, Jacques Hoüel, & Thomas Mahias, Gardes & Contre-Gardes de la Manufacture des Passementiers de la Ville de Saint Lo & lieux en dépendans, en exercice cette année mil sept cens quarante-deux.

www.ingramcontent.com/pod-product-compliance
Ingram Content Group UK Ltd.
Pitfield, Milton Keynes, MK11 3LW, UK
UKHW020226180726
13838UKWH00005B/2218